Katie a une passion, une grande guitare électrique. Elle écou... itare électrique, elle lit des... trique. Elle sait tout sur la...

...n grand rêve, c'est d'être guitariste ...ns un groupe de rock. Mais voilà, ...tie a un gros problème.

elle sait	she knows
son rêve	her dream
guitariste	guitar player
un groupe	a band

Katie n'a pas de guitare électrique. Ses parents refusent.
Souvent, elle demande: «Papa, Maman je peux avoir une guitare électrique?... Oh, s'il vous plaît!»
Et toujours, ils répondent: «Non, pas question. C'est ridicule! La guitare électrique, ce n'est pas pour les filles. Tu vas jouer du piano, comme ta sœur!»

Katie est très malheureuse. Et quand elle est malheureuse, elle va chez son copain, Hamid.

---

pas question	out of the question
malheureuse	unhappy

Hamid, c'est aussi un fou de guitare! Ensemble, ils jouent pendant des heures! Hamid a une guitare et beaucoup de matériel. Les parents d'Hamid ne sont pas riches, mais pour son anniversaire, ils ont acheté un processeur d'effets. C'est génial!

Hamid admire Katie: «Tu joues super bien, Katie. Un jour, tu vas jouer dans un groupe et tu vas être une star!»

fou de guitare	mad about guitars
ensemble	together
pendant des heures	for hours
le matériel	equipment
un processeur d'effets	sound mixer

Aujourd'hui, Katie est très triste. Elle explique à Hamid:
«Je n'ai pas de guitare. Je ne vais jamais jouer dans un groupe! Je ne vais jamais être une star.
- Il faut demander une guitare à tes parents pour ton anniversaire!
- Impossible! Ils sont contre. Ils trouvent ça ridicule. Ils veulent que je joue du piano. J'en ai marre, marre, marre!»

triste	sad
contre	against it
ils trouvent	they find
j'en ai marre	I'm fed up

Quand elle est très triste, Katie va rêver
dans les magasins de musique. Elle essaie
les nouvelles guitares, elle regarde les nouveaux
amplis. Et elle rêve: elle est sur scène,
elle joue dans un groupe célèbre!

---

elle essaie	she tries
nouvelle/nouveau	new
amplis	amplifiers
sur scène	on stage
célèbre	famous

Il y a un nouveau magasin de musique en ville. Katie décide d'entrer. Ouah! Il y a une guitare Gibson, la 59. Elle est géniale!

Jérémy, le jeune propriétaire, demande:
«Bonjour, je peux t'aider?
- Euh... euh... non. Euh... je regarde. Elle est magnifique, cette Gibson. Elle est en érable, non?
- Oui, tu t'y connais! Bravo! Tu veux l'essayer?»

le propriétaire	owner
en érable	made of maple (wood)
tu t'y connais!	you're a real expert!
tu veux l'essayer?	do you want to try it?

Si elle veut l'essayer? Quelle question!
Katie commence à jouer... et elle joue bien,
très très bien. Jérémy est épaté.
«Quel talent! Tu as appris à jouer où?
- Euh... j'ai appris toute seule, avec la guitare
de mon copain. Il a du bon matériel.
- Incroyable! Attends, je vais chercher
un magnétophone pour enregistrer. Tu es géniale!
Je reviens.»

épaté	amazed
tu as appris	you learned
toute seule	by myself
incroyable	unbelievable
un magnétophone	cassette-recorder
enregistrer	to record

sept 7

Jérémy a dit: «Quel talent! Incroyable! Tu es géniale!» Oui, elle a du talent, Katie... mais pas de guitare. C'est trop injuste! Et cette guitare, elle coûte si cher! Soudain, elle a une idée folle. Le propriétaire ne regarde pas, il n'y a pas de clients dans le magasin. C'est le moment ou jamais! Elle attrape la guitare et elle court vers la porte.

injuste	unfair
folle	crazy
le moment ou jamais	now or never
elle attrape	she grabs
elle court vers	she runs towards

Katie court, court, court, la guitare à la main.
Soudain, elle entend: «Arrête ou j'appelle la police!»
Elle se retourne. Oh non! C'est le propriétaire du
magasin! Il attrape Katie par le bras. Elle panique.
Il va appeler la police? Elle va aller en prison?
Que vont dire ses parents? Katie a très peur.

elle entend	she hears
elle se retourne	she looks back
il attrape	he grabs
le bras	arm

Jérémy prend la main de Katie. «N'aie pas peur. Il faut m'expliquer pourquoi tu as pris cette guitare.»
Alors Katie raconte sa passion et le refus catégorique de ses parents. Ses parents... Oh là là!
«Vous allez appeler la police? Mes parents vont être furieux. J'ai peur!
- Non, je ne vais rien dire. Et puis, tu peux garder la guitare.»

Quoi? Impossible! Katie rêve!

n'aie pas peur	don't be afraid
il faut m'expliquer	you must explain to me
tu as pris	you've taken
le refus catégorique	absolute refusal

Jérémy ajoute:
«Bien sûr, il faut payer la guitare.
- Mais... c'est impossible, je n'ai pas d'argent!
- Alors, tu vas travailler au magasin le samedi. J'ai besoin d'aide, et tu sais tout sur les guitares! J'ai aussi besoin d'aide pour les concerts de mon groupe, Maxirock.
- J'aimerais beaucoup, mais mes parents ne vont pas être d'accord.»

---

ajoute	adds
bien sûr	of course
payer	pay for
j'ai besoin d'aide	I need help
être d'accord	to agree

Jérémy discute avec les parents de Katie. Il ne parle pas du vol. «Il est vraiment sympa!» pense Katie.

Ses parents ne sont absolument pas d'accord: «Le magasin, les concerts, la guitare... non, pas question.»

Jérémy insiste: «Votre fille a beaucoup de talent. Elle est passionnée, elle est fantastique! Elle doit jouer! Dites oui!»

Jérémy insiste encore. Les parents de Katie disent: «Bon, d'accord... »

vol	theft
passionnée	enthusiastic
elle doit	she must
dites oui	say yes

Le travail au magasin est très très dur. L'après-midi, Katie aide Jérémy avec les clients... et il y a beaucoup de monde! Le soir, il faut monter des paquets très lourds, il faut ranger les stocks, il faut nettoyer le magasin. C'est fatigant!

dur	hard
beaucoup de monde	a lot of people
monter des paquets	take parcels upstairs
ranger	to tidy up
nettoyer	to clean
fatigant	tiring

Le mercredi et le dimanche, elle aide Jérémy et son groupe, Maxirock. Elle doit préparer les costumes, les guitares, les amplis et tout le matériel. Elle travaille très dur pour aider Jérémy. Son nouvel ami est vraiment super! Elle apprend beaucoup de choses avec lui.

apprend   learns

A la maison, le soir, quand elle a fini ses devoirs,
Katie prend sa belle guitare et elle joue. Maintenant,
ses parents sont d'accord, mais elle doit mettre
des écouteurs... Ils détestent toujours la guitare
électrique!
Elle s'entraîne beaucoup. Elle veut jouer comme
Jérémy. Elle rêve de jouer avec Maxirock
et de devenir une star! Un jour, peut-être...

des écouteurs	headphones
elle s'entraîne	she practises
devenir	to become
peut-être	maybe

Imagine Katie dans dix ans.
Qu'est-ce qu'elle va faire?
Choisis!

Dans dix ans, Katie va...

1 ... être une guitariste célèbre.

2 ... jouer de la guitare dans un petit groupe.

3 ... travailler dans un magasin de musique.

4 ... être professeur de guitare.